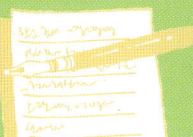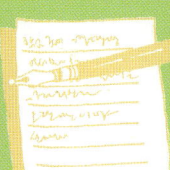

Stories of Great People
그레이트 피플

권정생의 호롱

글 한화주 | 그림 이지후

밝은미래

글 한화주

대학에서 문예창작학과 국문학을 공부하고 어린이를 위한 글을 쓰고 있습니다.
친구랑 노는 것처럼 재미있고, 생각이 자라는 데 도움을 주는 글을 쓰고 싶습니다.
지은 책으로는 《어린이를 위한 동물 복지 이야기》,《다문화 친구 민이가 뿔났다》,《쉿! 비밀이야 엄마 몰래》,
《다 함께 으랏차차!》,《공부가 쉬워지는 한국사 첫걸음》,《신통방통 거북선》 등이 있습니다.

그림 이지후

중앙대학교 서양화과를 졸업했습니다. 현재 회화 작업을 하며 프리랜서 일러스트레이터로 활동하고 있습니다.
그린 책으로는 《세상을 뒤흔든 위인들의 좋은 습관》,《게으름뱅이 탈출 학교》,《나를 바꾼 그때 그 한마디》,
《에디슨과 발명 천재들》,《일기가 나를 키웠어요》,《정정당당 공룡축구》,《삼각형으로 스피드를 구해줘!》 등이
있으며, 그레이트 피플 시리즈에 그림을 그리고 있습니다.

그레이트 피플

권정생의 호롱

초판 3쇄 발행 2022년 5월 23일
펴낸이 도승철 | **펴낸곳** 밝은미래 | **등록** 2005년 5월 2일 (제105-14-87935호) | **주소** 경기도 파주시 회동길 349 3층
전화 031-955-9550 | **팩스** 031-955-9555 | **홈페이지** http://www.bmirae.com
편집 송재우, 고지숙 | **디자인** 윤수경 | **마케팅** 김경훈 | **경영지원** 강정희 | **홍보** 박민주
표지 및 본문 디자인 뭉클 | **진행** 이상희
ISBN 978-89-6546-389-4 74990 | 978-89-6546-090-9(세트)
© 2021 권정생 어린이 문화 재단, 밝은미래

이 책 내용의 일부 또는 전부를 재사용하려면 반드시 저작권자와 출판사의 동의를 얻어야 합니다.
책에 대한 단순 서평 수준을 넘어서는 내용을 SNS나 사진, 영상 등으로 출판사의 동의 없이 배포하는 것은 저작권법에 저촉될 수 있습니다.

이 책에 사용된 사진은 저작권자에게 허락을 받아 게재했습니다.
저작권자와 초상권자를 찾지 못한 사진은 확인되는 대로 연락 드리겠습니다.

사진 제공: **권정생 어린이 문화 재단** / 국립민속박물관 / 국립중앙도서관 / 국립한글박물관 / 해외교포문제연구소

차례

황학동 만물상	10
권정생	13
일제 강점기 일본의 조선인들	14
꿈과 희망을 주는 어린이 문학	17
6·25 전쟁으로 사라진 희망	19
책을 읽으며 작가의 꿈을 키웠지만	21
어느 봄날에 만난 강아지똥	25
가슴 찡한 동화 〈무명 저고리와 엄마〉	27
아름다운 인연, 이오덕	29
권정생의 문학 세계	31
빌뱅이 언덕 밑 작은 집	33
가난하게 삽시다	35
미리 쓴 유언장	37
권정생의 마지막 당부	40
어휘 사전	41
한눈에 보는 인물 연표	44

*표시가 된 어휘는 '어휘 사전'에서 자세한 설명을 읽을 수 있습니다.

만물상 할아버지

황학동 만물상 주인이다. 초등학교 교장 선생님이었으나, 은퇴한 후 황학동에 만물상을 열었다. 없는 것 빼놓고 다 있다는 만물상에는 신기한 물건이 가득하다.

수지

아홉 살 여자아이. 오래된 물건을 수집하는 것이 취미이다. 선우의 단짝 친구이자 황학동 만물상의 단골손님으로, 만물상에 새로 들어오는 물건에 대해 가장 먼저 알고 싶어한다.

선우

만물상 할아버지의 손자이다. 단짝 친구인 수지와 티격태격하지만 언제나 유쾌하고 명랑하다. 만물상의 물건에 얽힌 이야기를 들을 때 가장 눈이 반짝거린다.

황보감 할아버지

황학동에서 삼대째 한의원을 하고 있다. '황학동 허준'이란 별명을 가지고 있다. 만물상 할아버지와 초등학교 동창으로 오랜 친구다.

털보 삼촌

책에 대해서는 모르는 것 없는 만물박사로 헌책방 주인이다. 여러 곳을 돌아다니면서 희귀한 책들을 구해 온다.

황학동 만물시장에는 없는 게 없다. 두 눈을 크게 뜨고 시장 곳곳을 돌아다니면 시간과 공간을 거슬러 온 멋진 물건들과 만나게 된다.

주방 거리에는 옛날 시골에서 쓰던 돌절구부터 오래된 냄비까지 여러 가지 주방 용품이 그득하다.

가구 거리에는 신발장과 책꽂이를 합쳐 놓은 희한한 모양의 책장, 가구 들이 주인을 기다린다.

중고 가전제품 가게는 마치 전자 제품 박물관 같다. 에디슨이 발명한 축음기와 백열전등부터 디지털카메라, 노트북, 스마트폰 등 최신 유행하는 제품까지 모두 있다. 가끔 중고 악기점에서는 악기점 주인이 바이올린으로 연주하는 아름다운 음악 소리가 들려올 때도 있다. 이 악기점에는 기타나 하모니카, 아프리카 원주민이 썼던 타악기까지 없는 악기가 없다.

황학동 거리 곳곳에 있는 노점에서는 인디언 추장의 동상, 중세의 갑옷과 칼, 구리로 만든 희한한 장식품뿐만 아니라 어디에 쓰이는지 알 수 없는 신기하고도 괴상한 물건들도 많이 판다.

이 황학동 만물시장 깊숙한 곳에 '황학동 만물상'이라는 가게가 있는데, 문 앞에는 '없는 것 빼고 다 있어요.'라는 문구가 쓰여 있다.

황학동 만물상의 주인은 선우네 할아버지다. 초등학교 교장 선생님이었던 할아버지는 퇴직 후 평소에 즐겨 찾던 황학동에 만물상을 열었다. 평소에 쉽게 볼 수 없는 갖가지 물건들이 모여 있는 황학동 만물상은 황학동 만물시장의 축소판이다.

선우는 단짝 친구 수지와 함께 자주 할아버지의 만물상을 찾는다. 선우와 수지는 할아버지의 만물상에 혹시 새로운 물건이 들어오지는 않았는지 궁금해서 거의 매일 학교가 끝나는 길에 할아버지 가게에 들른다.

햇볕이 여유로운 오후, 만물상 할아버지는 가게 앞에서 돋보기를 쓴 채 책을 읽으며 아이들을 기다린다.

온 세상이 웃고 있는 것처럼 화창한 봄날이었다. 그러나 선우는 잔뜩 찌푸린 얼굴로 연신 투덜댔다.

"에잇, 기분 나빠! 더럽게……."

선우와 함께 만물상으로 향하던 수지는 참다못한 듯 한 소리를 했다.

"그만 좀 해라. 별일도 아니잖아."

그 말에 선우는 펄쩍 뛰었다.

"별일 아니라고? 더러운 개똥을 밟았는데? 이게 다 너 때문이야."

"어머머! 그게 왜 내 탓이냐?"

이번에는 수지가 팔짝 뛰었다.

"네가 민들레꽃을 보라고 해서 개똥 쪽으로 간 거잖아."

"무슨 말도 안 되는 소리야! 내가 민들레꽃 보라고 했지. 언제 똥 밟으라고 했냐? 나는 민들레꽃 옆에 강아지 똥이 있는지도 몰랐어."

선우와 수지는 만물시장 한가운데에서 한바탕 입씨름을 벌였다. 그 모습을 본 할아버지가 손짓으로 두 아이를 불렀다.

선우와 수지는 서로 눈을 흘기며 만물상으로 들어섰다. 그사이 할아버지는 만물상 구석에 쪼그려 앉아 무언가를 찾고 있었다.

"그게 어디 있더라……. 옳거니, 여기 있구나."

할아버지는 먼지가 뽀얗게 쌓인 유리병을 꺼내 왔다. 수건으로 조심스럽게 먼지를 닦으며 선우와

수지에게 물었다.

"너희 〈강아지똥〉을 아니?"

"알다 뿐이에요. 밟기까지 했는데."

선우가 신발 바닥을 보고 찡그리며 대답했다.

"이야기 〈강아지똥〉 말이다."

"아! 민들레꽃을 피게 한 그 〈강아지똥〉이요?"

수지의 말에 할아버지는 고개를 끄덕였다.

"그래. 이건 〈강아지똥〉의 작가 권정생이 쓰던 호롱이란다. 선우가 민들레꽃 옆에 있는 강아지 똥을 밟았다는 소리를 듣고, 이게 생각났지."

수지는 할아버지가 들고 있는 유리병을 살피며 고개를 갸웃했다.

"호롱이라면 불을 밝힐 때 쓰는 물건 아니에요? 그건 그냥 유리병처럼 보이는데요?"

"맞다. 호롱은 보통 사기로 만들어졌지. 하지만 권정생은 버려진 유리병을 호롱으로 사용했단다."

"강아지 똥을 주인공으로 한 이야기를 짓고, 버려진 유리병을 주워 쓰다니. 권정생은 지저분한 걸 좋아하는 사람이었나 봐요."

선우가 부루퉁한 얼굴로 말했다. 할아버지는 빙그레 웃음을 지었다.

"과연 그럴까? 권정생 이야기를 들어 볼 테냐?"

"네!"

수지가 커다란 목소리로 대답했다. 선우의 눈에도 호기심이 어렸다.

권정생
(1937~2007)

▲ 불쌍하고 하찮은 것들을 사랑한 이야기꾼, 권정생

권정생은 1937년에 일본 도쿄의 가난한 동네에서 태어났어. 아홉 살이 되던 해에 돌아와 아버지의 고향인 안동에서 살게 되었지.

권정생은 일본에서도, 한국에서도 전쟁과 가난으로 몹시 힘겨운 어린 시절을 보냈어. 공부를 잘했지만, 돈이 없어서 중학교에 가지 못했지. 돈을 벌기 위해 닭을 키우고, 고구마 가게와 재봉틀 가게 점원으로도 일했단다. 그러면서 틈틈이 책을 읽고 작가의 꿈을 키워 나갔어.

하지만 고된 일과 굶주림으로 몸이 약해졌고 결핵*에 걸리고 말았어. 권정생은 병과 싸우며 아이들을 위한 글을 남기기로 마음먹었어. 1969년에 〈강아지똥〉을 쓰면서 동화 작가로 첫발을 내디뎠지.

권정생은 하찮게 여겨지는 것들의 소중함을 일깨우는 이야기, 가난하고 힘없는 사람들의 이야기를 많이 썼어. 그런 이야기를 통해 수많은 어린이와 어른에게 용기와 희망을 전했단다.

일제 강점기 일본의 조선인들

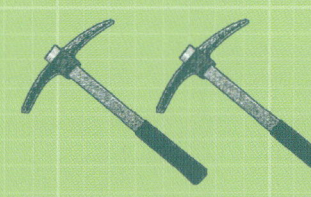 

권정생의 아버지는 1929년에 일본으로 갔어. 어머니와 가족들은 1936년에 건너갔고. 그 무렵 우리나라는 일제에 강제로 주권*을 빼앗긴 채 일제 치하에서 신음하고 있었어. 우리나라에서 살기는 더욱 어려워졌지. 그래서 일본으로 돈을 벌기 위해 가거나 강제로 끌려간 사람도 있단다. 그 사람들의 이야기를 살펴볼까?

부족한 일손을 얻으려는 거짓 소문

1800년대 말부터 일본의 산업은 빠르게 발전하기 시작했어. 곳곳에 공장이 들어서자, 공장에서 일을 할 사람이 부족해졌지. 1910년대부터 일제는 조선 사람을 데려다 일꾼으로 부리기 위해 광고를 하고 소문을 퍼뜨렸어. 일본에 가면 좋은 일자리를 얻고 큰돈을 벌 수 있다고 한 거야. 일제의 지배와 수탈*로 가난하게 살던 조선 사람들은 그 말을 믿고 일본으로 향했지.

하지만 그건 거짓 소문이었어. 조선 사람들은 공장에서 일하거나 도로와 철도, 다리를 만드는 토목* 공사장, 석탄을 캐는 탄광에서 힘들고 위험한 일을 해야 했어. 오물 치우기처럼 일본인이 피하는 일도 조선 사람들 몫이었지. 그 대가로 쥐꼬리만 한 돈을 받거나 그마저도 제대로 받지 못했단다. 권정생의 아버지도 일본에서 청소를 하며 돈을 벌었어.

강제로 끌려간 사람들

우리나라를 식민지로 삼은 뒤에도 일본은 계속 전쟁을 벌였어. 1937년에는 중국을 침략했고, 1941년에는 미국 하와이의 진주만을 공격했지. 전쟁을 치르느라 막대한 물자와 사람이 필요했던 일본은 우리나라에서 갖가지 물건과 자원을 실어 갔어. 1939년부터는 사람들까지 강제로 끌고 갔지. 1945년까지 6년 동안 끌려간 조선 사람이 약 150만 명이나 된다고 해.

▲ 일제 강점기에 강제로 끌려가서 토목 공사를 하는 조선 사람들의 모습이야.

▲ 강제로 탄광에 끌려간 조선 사람들이야. 탄광으로 간 사람들 가운데 죽거나 다친 사람도 무척 많았어.

"권정생은 일제 강점기에 일본에서 태어났단다."

"앗! 권정생이 일본 사람이었어요?"

수지가 눈을 똥그랗게 떴다.

"그건 아니야. 권정생의 부모는 우리나라 사람이었어. 돈을 벌기 위해 일본으로 건너갔는데, 그곳에서 권정생을 낳았지. 권정생이 아홉 살 되던 해에 가족이 다시 우리나라로 돌아왔단다."

"그렇군요. 권정생의 부모님은 일본에서 어떤 일을 했어요?"

수지가 물었다.

"권정생의 아버지는 거리 청소부로 일했고, 어머니는 바느질감을 얻어다 삯바느질*을 했어."

"그런 일로는 큰돈을 벌기 어렵지."

선우가 아는 체를 했다.

"그랬단다. 권정생 가족은 허름한 판잣집에서 근근이 먹고살았어. 권정생의 아버지는 쓰레기 더미에서 버려진 옷가지를 챙겨 와 아이들에게 입히고, 썩은 고구마나 빵을 주워 오기도 했지. 그러면 권정생의 어머니가 상한 곳을 잘라 내고 아이들에게 주었단다."

"으웩! 그런 걸 어떻게 먹어요."

선우는 장난처럼 토하는 시늉을 했다. 그러자 수지가 한숨을 쉬며 말했다.

"어이구! 가난해서 먹을 게 없으니 그런 거라도 먹었겠지. 좋아서 먹었겠냐?"

할아버지는 아웅다웅하는 두 아이를 따뜻한 눈길로 바라보며 이야기를 계속했다.

"권정생의 집 뒷마당에는 아버지가 팔려고 모아 둔 폐품*이 쌓여 있었단다. 일곱 살 난 권정생은 심심할 때면 그곳을 놀이터로 삼았지. 그러던 어느 날, 권정생은 폐품 더미에서 보물을 발견했어."

'보물'이라는 말에 선우와 수지의 눈이 휘둥그레졌다. 둘은 기대에 찬 목소리로 질문을 퍼부었다.

"오! 어떤 보물이에요?"

"보석이요? 황금이요?"

"그건 말이지…… 책이란다."

"피이……."

선우가 풍선에서 바람 빠지는 듯한 소리를 냈다.

"에이, 책이 무슨 보물이에요."

수지도 실망한 얼굴이었다.

"저런, 꼭 값비싼 것만 보물이 아니란다. 내게 즐거움을 주고 소중하게 여겨진다면 무엇이든 보물이 될 수 있어. 여길 둘러보렴. 보석이나 황금은 없지만 보물로 가득하잖니?"

"하하하. 할아버지 말씀이 맞아요. 만물상은 보물 창고예요."

수지가 활짝 웃으며 맞장구를 쳤다.

"어린 권정생은 글을 읽을 줄 몰랐기 때문에 처음에는 책의 그림만 훑어봤어. 그것만으로도 책이 참 재미있게 느껴졌지."

"저도 그림 많은 책이 좋아요."

선우가 냉큼 끼어들었다.

"하지만 그림만 보면 내용을 알 수 없잖아요? 책은 글을 읽어야 더 재미있는데."

수지는 아쉽다는 듯 말했다.

"권정생은 이 책 저 책 읽으며 자연스럽게 일본 글을 깨우쳤단다. 그러니 책 내용도 알 수 있게 됐지."

"일본 글이라고요? 아하! 일본에 살았으니까, 일본 책을 봤던 거로군요."

"근데 무슨 책을 읽었어요?"

"《이솝 우화》, 《그림 형제 동화집》, 《행복한 왕자》 같은 세계 여러 나라의 동화를 읽었어. 권정생은 동화책을 읽으며 즐거운 상상의 나래를 활짝 펼쳤지."

선우와 수지는 고개를 끄덕끄덕했다.

꿈과 희망을 주는 어린이 문학

어린이 문학

어린이 문학이란 어린이를 위한 동시와 동요, 동화 등을 통틀어 이르는 말이야. 어린이 문학을 다른 말로 '아동 문학'이라고도 하지.

어린이 문학은 자라나는 아이들에게 재미와 감동을 주고, 어떻게 살아가는 것이 올바른 길인지도 알려 줘. 또 책을 읽는 어린이들이 즐거운 상상을 펼칠 수 있도록 작품에 신기한 모험의 세계를 그리기도 하지. 일제 강점기에 일본에서 살았던 권정생이 일본 말로 된 여러 동화책을 읽었다고 했지? 그럼 우리나라의 어린이는 어떤 책을 읽었을까?

입에서 입으로 전해 오던 이야기

1910년대 초까지 비록 동화책은 없었지만, 옛날 우리나라의 어린이들도 재미있는 이야기를 많이 듣고 자랐어. 할아버지와 할머니, 부모님이 입에서 입으로 전해 내려오는 옛이야기를 아이들에게 들려주었거든. 이렇게 예로부터 전해 내려오는 이야기를 '전래 동화'라고 해. 이런 전래 동화를 모아 심의린이라는 교육자가 한글로 낸 최초의 동화집이 1926년 발간된 《조선동화대집》이란다.

▶ 방정환을 중심으로 1923년 창간된 잡지 《어린이》야. 1935년 폐간되기 전까지 여러 작가의 창작 동요와 동화를 실었단다.

우리나라 어린이를 위한 최초의 동화들

1910년대부터 어린이를 위한 동화를 내고자 하는 움직임이 싹텄어. 최남선은 1913년 어린이 잡지 《아이들보이》에 최초의 창작 동화인 〈난잡이 저잡이〉를 냈고, 방정환은 1922년 세계 명작을 번역해 동화집인 《사랑의 선물》을 냈단다. 1927년에는 고한승이 우리나라 최초의 창작 동화집인 《무지개》를 냈지.

◀ 아동 문학가 방정환의 모습이야. 방정환은 '어린이'라는 말과 '어린이날'을 만들기도 했어.

"권정생은 초등학교에 입학했지만, 전쟁 때문에 학교를 제대로 다닐 수 없었어. 폭격으로 집이 불타 버려서 권정생 가족은 시골로 떠나야만 했지."

"집에 폭탄이 떨어지다니, 생각만 해도 끔찍해요."

선우는 몸을 부르르 떨었다.

"권정생 가족은 우리나라가 광복*을 맞은 이듬해에 아버지의 고향으로 돌아왔단다."

"다행이에요. 우리나라로 돌아왔다면 좀 편안하게 살 수 있을 테니까요."

수지는 마음이 놓이는 목소리였다.

"권정생도 그런 기대에 부풀었지. 그런데 가난 때문에 가족이 뿔뿔이 흩어져 살아야 했어. 겨우 함께 모여 살게 되었지만, 6·25 전쟁*을 겪으면서 다시 형편이 어려워졌지."

"후유, 안됐다."

수지는 긴 한숨을 내쉬었다.

"권정생은 열심히 공부했어. 초등학교를 1등으로 졸업할 정도로 공부를 아주 잘했단다. 하지만 돈이 없어서 중학교에 갈 수 없었어. 권정생은 학비를 마련하려고 나무를 해다 팔아 암탉을 샀어. 암탉이 알을 낳아 병아리가 깨어나면, 모이를 주며 정성껏 길렀지."

"와! 어린 나이에 대단해요."

선우가 감탄했다.

"하지만 닭 전염병이 돌아서 기르던 닭이 모조리 죽고 말았어. 중학교에 가려는 권정생의 노력도 물거품이 됐지."

"저런, 어쩜 좋아."

수지는 안타까워서 발을 동동 굴렀다.

 6·25 전쟁으로 사라진 희망

광복을 맞은 조국에 돌아왔지만

1945년, 일본이 연합군*에 항복하면서 강제 지배를 받던 우리나라도 광복을 맞았어. 권정생 가족은 이듬해에 우리나라로 돌아왔지. 하지만 형편이 어려워서 가족이 함께 머물 집을 마련할 수가 없었어. 가족이 흩어져 지내야 했는데, 권정생은 어머니, 누나, 동생과 함께 외갓집에서 지냈단다. 그곳에서 권정생은 열심히 한글을 익혔어. 이야기 들려주기를 좋아하는 외삼촌에게 옛날이야기도 많이 들었지. 그 가운데서 권정생은 〈팥죽 할머니〉 이야기를 가장 좋아했어.

전쟁이 앗아 간 희망

1947년, 권정생 가족은 아버지의 고향인 안동에서 작은 집을 빌려서 함께 살게 됐어. 어머니는 공부 잘하는 권정생을 꼭 중학교에 보내고 싶었어. 그래서 돈을 벌려고 물건 팔러 다니는 일을 시작했지. 권정생이 어머니 대신 집안 살림을 했단다. 그런데 1950년에 민족의 비극인 6·25 전쟁이 일어나서 권정생 가족은 대구까지 피난을 갔다 와야 했어. 같은 민족끼리 총부리를 겨누고, 사람들이 죽어 가는 모습에 어린 권정생은 큰 충격을 받았지.

1953년에 권정생은 초등학교를 졸업했어. 하지만 중학교에 갈 수가 없었어. 화폐 개혁*으로, 그동안 어머니가 열심히 모은 돈의 가치가 뚝 떨어져 버렸거든. 결국 권정생은 스스로 학비를 마련하려고 닭을 길렀지만, 백 마리 넘게 길렀던 닭이 전염병으로 모두 죽고 말았지.

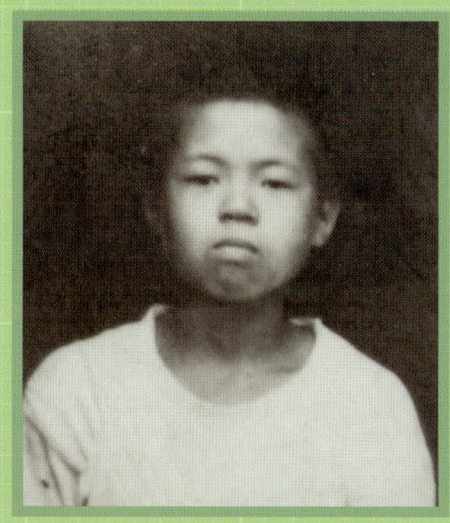
▲ 초등학교 때 권정생의 모습이야.

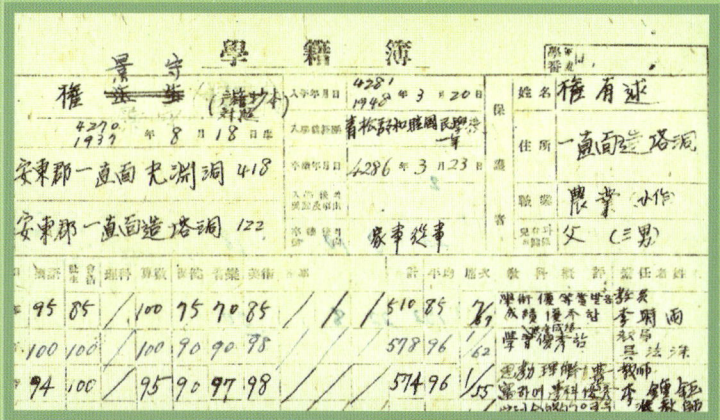
▲ 권정생의 초등학교 생활 기록부야. 줄을 그어서 지운 한자는 '정생'이고 그 위에 쓴 한자는 '경수'야. 권정생이 어릴 시절에 '경수'로 불렸기 때문에 선생님이 이름을 고쳐 놓은 거지. 아래에 성적도 살짝 보이는데, 첫 줄에 국어는 95점, 산수는 100점을 받았다고 적혀 있구나.

"권정생은 중학교에 갈 꿈을 포기하지 않았어. 집을 떠나 고구마 가게에서 점원으로 일했지. 그런데 가게 주인이 권정생에게 고구마 무게를 슬쩍슬쩍 속여서 팔라고 했단다."

"와! 너무하다."

선우가 화난 얼굴로 소리쳤다.

"권정생은 그럴 수 없다고 했지. 하지만 주인의 거듭된 요구에 권정생은 결국 양심을 속이게 됐어. 안 그랬다가는 가게 일을 그만두어야 하니까."

"흐음!"

수지는 못마땅한 표정으로 콧김을 내뿜었다.

"그러던 어느 날, 권정생의 어머니가 고구마 가게로 아들을 보러 왔어. 권정생은 무척 반가웠지. 이윽고 어머니가 집으로 돌아갈 때가 되었는데, 고구마를 좀 사 가겠다고 했어. 권정생은 무심코 고구마를 저울로 달았는데……."

"설마! 어머니에게도 고구마 무게를 속인 거예요?"

수지가 눈치 빠르게 물었다.

할아버지는 고개를 끄덕였다. 수지와 선우는 어이없다는 얼굴로 입을 딱 벌렸다.

"습관이란 그렇게 무서운 거란다. 무심결에 한 자신의 행동에 권정생도 소스라치게 놀랐어. 그날 밤, 권정생은 양심을 잃어버렸다는 슬픔에 눈물로 밤을 지새웠지. 다시는 그러지 않겠다고 다짐하며 이튿날 가게를 그만뒀어."

"그래도 잘못을 깨달아서 다행이에요."

수지는 가슴을 쓸어내렸다. 하지만 선우는 분통을 터뜨렸다.

"나 같으면 순순히 그만두지 않고, 고구마 가게 주

인이 한 짓을 동네방네 알렸을 텐데."

선우는 한참이나 고구마 가게 주인 흉을 봤다. 그러고는 엉뚱하게도 이렇게 말을 맺었다.

"아무튼 고구마는 군고구마가 제일 맛있지."

"못 말려!"

수지는 절레절레 고개를 저었고, 할아버지는 다시 이야기를 이어 갔다.

"권정생은 부산으로 가서 재봉틀 가게 점원이 됐어. 새벽 5시에 일어나서 밤 9시가 넘도록 일을 했지."

"무척 힘들었겠다."

"가족과 떨어져 지내야 해서 외롭기도 했을 테고요."

"맞다. 그래도 외로움을 달래 줄 친구가 있었어. 자동차 정비소에서 일하는 오기훈이라는 친구였지. 둘은 용돈이 조금 생기면 헌책방에서 책을 빌려 봤어. 권정생은 책을 읽으며 작가의 꿈을 키워 나갔지."

"그때부터 권정생이 작가가 되기로 마음먹었군요."

"친구가 생겨서 다행이에요. 친구랑 놀면 심심하거나 외롭지 않거든요."

수지와 선우가 차례로 말했다.

"한데 친구가 그만 세상을 떠나고 말았단다. 권정생은 슬픔에 빠졌지. 게다가 힘든 객지* 생활로 몸이 점점 나빠졌어. 결국 권정생은 가슴막염*에 폐결핵까지 걸리고 말았지."

그때 느닷없는 목소리가 들렸다.

"아니, 누가 그렇게 아프단 말인가?"

책을 읽으며 작가의 꿈을 키웠지만

부산에서 지내던 시절, 권정생은 밤을 새워 가며 열심히 책을 읽었어. 《젊은 베르테르의 슬픔》, 《죄와 벌》, 《플루타르크 영웅전》 등의 세계 문학 작품과 《젊은 그들》, 《단종애사》, 《무영탑》 같은 한국 문학 작품도 많이 읽었어. 그러면서 외로움을 달래고, 작가의 꿈을 키워 나갔지. 시와 소설을 조금씩 써 보기도 했단다.

특히 《학원》이라는 잡지는 친구 오기훈과 빼놓지 않고 꼭 챙겨 봤어. 《학원》은 중학생을 위한 종합 잡지였는데, 공부에 관한 내용을 비롯해 세상 돌아가는 이야기, 과학 정보, 만화, 시와 소설 등 다양한 내용이 실려 있었어. 중학교에 가서 공부하고 싶고, 문학 작품도 좋아하는 권정생이 참 재미나게 볼 수 있는 잡지였지.

하지만 친구가 죽은 뒤, 권정생은 다시는 《학원》을 읽지 않았어. 시와 소설 쓰기도 멈추었지. 큰 슬픔에 잠겨 아무것도 할 수 없었던 거야.

◀ 잡지 《학원》의 표지야. 6·25 전쟁 중인 1952년 대구에서 창간되어 수많은 청소년에게 환영을 받았단다.

목소리의 주인공은 황보감 할아버지였다. 만물상으로 들어온 황보감 할아버지는 친구인 만물상 할아버지의 얼굴을 살폈다.

"자네, 요 며칠 꽃샘추위*가 기승을 부려서 감기 기운이 있다더니……."

"걱정하지 말게. 내가 아니라네."

"그래. 멀쩡해 보이는구먼. 그나저나 아픈 사람이 누군가? 치료는 받고 있다던가?"

"자네도 알 만한 사람이네만, 형편이 어려워서 병원에 가지 못했다네."

그 말을 들은 황보감 할아버지는 혀를 끌끌 찼다.

"쯧쯧. 딱하구먼. 얼른 내게 데려오게. 그냥 두면 큰일 나."

그러자 할아버지가 능청스럽게 말했다.

"그건 안 되겠네."

"아니, 왜? 내가 약값을 비싸게 받을까 봐 그러나?"

황보감 할아버지의 목소리가 높아졌다. 할아버지의 눈빛은 더욱 장난스럽게 변했다. 선우와 수지는 입을 앙다물고 웃음을 참았다.

"아무튼 자네는 절대 그 사람을 치료할 수 없네."

"뭐라고? 내 실력을 못 믿는 건가? 이거 서운하군."

황보감 할아버지의 얼굴이 붉으락푸르락했다. 그제야 할아버지는 사실을 털어놨다.

"아픈 사람은 권정생이라네. 그게 1957년 일인데, 자네가 무슨 수로 그 시절 권정생을 치료한단 말인가?"

선우와 수지는 참았던 웃음을 터뜨렸다. 황보감 할아버지도 노여움이 싹 가신 얼굴로 너털웃음을 웃었다.

"원, 싱거운 사람 같으니라고. 아이들에게 권정생 이야기를 들려주고 있었구먼."

"할아버지도 권정생을 아세요?"

수지가 물었다.

"암. 내가 좋아하는 작가란다. 어린이를 위한 동화뿐 아니라 어른을 위한 글도 많이 썼거든. 무엇보다 그의 삶이 가장 큰 감동을 주는 한 편의 이야기지."

"자네가 권정생에 대해 알고 있다니, 그거 반가운 소리군. 자네가 아이들에게 권정생 이야기를 좀 들려주게. 말을 많이 했더니 목이 아프구먼."

"그럼, 그래 볼까?"

황보감 할아버지는 만물상에 자리를 잡고 앉았다. 험험 목청을 가다듬고는 뒷이야기를 시작했다.

"권정생이 큰 병에 걸렸다는 걸 알게 된 어머니는 아들을 집으로 데려왔단다. 약이 비싸고 구하기도 어려웠기 때문에 직접 산에서 약초를 캐어 먹이고, 뱀과 개구리도 잡아 먹이면서 정성껏 권정생을 보살폈지."

"으악! 뱀이요?"

"개, 개구리라고요?"

선우와 수지는 놀란 토끼 눈이 됐다.

"권정생의 병에는 영양가 높은 음식을 먹는 게 약 못지않게 중요했단다. 하지만 그 시절에는 고기가 워낙 비쌌어. 그러니 뱀이나 개구리라도 잡아서 아들에게 먹인 거지."

"효과는 있었어요?"

선우가 미심쩍은 얼굴로 물었다.

"어머니가 몇 년간 지극정성으로 보살핀 덕분에 권정생의 병은 차차 나았단다. 하지만 더 큰 슬픔이 닥쳤지."

"무슨 일인데요?"

수지가 불안한 얼굴로 물었다.

"권정생의 어머니가 병으로 세상을 떠난 거야. 얼마 뒤, 아버지마저 세상을 떠났지."

"헉!"

"어쩜 좋아!"

"권정생은 슬픔으로 몸이 급격히 나빠졌어. 콩팥과 방광을 들어내는 큰 수술을 받고, 의사에게 2년밖에 살지 못할 거라는 말을 들었단다."

선우와 수지는 놀라서 아무 말도 하지 못했다.

"부모님이 돌아가신 뒤에 권정생은 혼자 살게 되었어. 일직교회 문간방에 세 들어 살면서 종지기 일을 했지."

"종지기요?"

선우가 물었다.

"예전에는 교회에 으레 종이 있었단다. 새벽 예배를 드리기 전에 사람이 직접 종을 쳐서 때를 알렸지. 그 일을 권정생이 한 거야. 새벽마다 종을 치는 일은 힘들었지만, 권정생은 종 줄을 조절해서 맑은 종소리를 내려고 추운 겨울에도 맨손으로 줄을 당겼단다. 은은하게 울려 퍼지는 종소리를 들으며 마음을 달랬고, 힘겹게 살아가는 다른 누군가도 힘을 얻길 바랐지."

수지와 선우는 어스름한 새벽, 종을 치는 권정생의 모습을 떠올렸다.

"의사에게 얼마 살지 못한다는 말을 들은 권정생은 죽기 전에 아이들을 위한 글을 남기기로 마음먹었단다. 그래서 쓴 글이 바로, 〈강아지똥〉이야."

"아……."

선우와 수지의 입에서 탄성이 흘러나왔다.

"추운 문간방에서 힘겹게 겨울을 보낸 권정생은 어느 봄날, 몸을 추스르고 산책을 나섰어. 봄비가 부슬부슬 내리는 날이었지. 천천히 걸음을 옮기던 권정생의 눈에 민들레꽃과 빗물에 흐물흐물 녹은 강아지 똥이 들어왔어. 권정생은 민들레가 꽃을 피우도록 거름이 되어 주는 강아지 똥에 마음이 움직였지."

"비는 안 내렸지만, 저도 오늘 비슷한 장면을 봤어요. 그런데 강아지 똥은 눈에 들어오지 않고 귀여운 민들레꽃만 보였어요."

"저는 더러운 강아지 똥을 밟아서 기분이 나빴는데……."

"너희뿐 아니라 사람들 대부분이 그럴 게다. 그러나 권정생은 더럽게만 여겼던 강아지 똥이 거름이 되어 준다는 걸 깨닫고, 그 감동을 전하기 위해 시를 썼지."

"할아버지, 시가 아니고 동화요."

수지가 야무지게 바로잡았다. 그러나 황보감 할아버지는 머리를 저었다.

"권정생은 처음에 〈강아지똥〉을 시로 썼단다. 그런데 시가 영 부족하게 느껴졌어. 몇 번을 고쳐 쓰다가 그만 밀어 두었지. 그렇게 한참이 지났는데, 하루는 마을 사람이 권정생에게 '기독교 아동 문학상'을 뽑는다는 광고를 보여 줬어."

"옳아! 권정생이 〈강아지똥〉 시를 이야기로 고쳐 쓴 거로군요."

수지가 알겠다는 듯 말했다.

"그랬단다. 권정생은 〈강아지똥〉을 쓰는 데 온 힘을 기울였어. 날마다 보리쌀 한 줌으로 죽을 쑤어 주린 배를 달래고, 열이 펄펄 끓는 몸으로 〈강아지똥〉을 쓰고 또 썼지. 마침내 완성한 글을 보내고 돌아오면서 권정생은 깨달았단다."

황보감 할아버지는 잠시 뜸을 들인 뒤, 비밀을 전하듯 은근한 목소리로 말했다.

"의사의 말과 달리, 2년이 훌쩍 넘도록 자신이 살아 있다는 걸 말이지."

그 말에 선우와 수지의 얼굴이 환해졌다.

어느 봄날에 만난 강아지똥

개구리, 생쥐와 친구하며

교회에 딸린 문간방은 여름에는 몹시 무더웠어. 소나기가 내리면 빗줄기에 방문이 젖어서 구멍이 뚫리고, 그리로 개구리들이 뛰어 들어와 꽥꽥 울었지.

반대로 겨울에는 몹시 추웠단다. 어찌나 추운지 겨울이면 귀가 동상에 걸렸다가 봄이 되어야 나을 정도였어. 게다가 생쥐들이 방으로 들어오기도 했어. 발가락을 깨물고, 이불이나 옷 속을 파고들었지. 권정생은 처음에 몹시 놀랐지만, 어느새 정이 들었어. 아예 먹을 것을 놓아두고 생쥐를 기다리게 되었지.

권정생은 개구리나 생쥐도 우리와 같은 공기, 물을 마시고, 고통도 슬픔도 겪으면서 살다 죽는다고 생각했어. 이들을 친구처럼 여겼지.

《강아지똥》

동화 속 '강아지똥'은 강아지 흰둥이가 돌담 아래에 누고 간 똥이야. 참새도, 흙덩이도, 암탉과 병아리 가족도 강아지똥을 더럽고 쓸모없게 여기지. 강아지똥은 '아무짝에도 쓸모없는 내가 어떻게 하면 착하게 살 수 있을까?' 고민한단다. 그러다 자기 앞에서 자라난 민들레가 꽃을 피울 수 있도록 빗물에 몸을 녹여 거름이 돼.

권정생은 《강아지똥》을 통해 생명의 소중함과 자연의 가치를 전했어. 또, 세상에 쓸모없는 존재는 없고, 모두가 귀하다는 것을 일깨웠단다.

  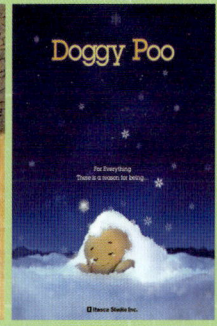

세종문화사 출간(1974년) / 그림 : 정승각, 길벗어린이 출간 (1996년) / 아이티스카 스튜디오 제작 (2003년)

▲ 《강아지똥》은 1974년에 동화집(왼쪽)으로 처음 나왔어. 1996년에는 그림책(가운데)으로 출간되었지. 2003년에는 애니메이션(오른쪽)으로도 제작되었어.

▲ 일직교회 문간방에 살 때, 권정생의 모습이야. 뒤로 보이는 작고 컴컴한 방에서 지내며 《강아지똥》을 썼지.

"기쁜 소식을 하나 더 알려 주랴? 얼마 뒤, 권정생은 〈강아지똥〉으로 제1회 기독교 아동 문학상을 받게 되었단다."

"와! 만세!"

수지와 선우는 자리에서 벌떡 일어나 손뼉을 쳤다. 그 순간, 털보 삼촌이 만물상으로 들어섰다. 털보 삼촌은 멋쩍은 얼굴로 말했다.

"너희가 날 좋아하는 건 알지만, 박수까지 치면서 환영할 줄은 몰랐는데?"

"푸하하. 삼촌 때문이 아니에요."

선우가 웃으며 말했다.

"그럼 무슨 일로 박수를 친 거냐? 내가 모르는 좋은 일이 있니?"

"권정생이 〈강아지똥〉으로 상을 받았다는 이야기를 듣고 있었거든요."

수지가 상황을 설명했다.

"내가 한발 늦었군. 너희에게 이 책을 보여 주고, 권정생 얘기도 좀 들려줄까 싶어서 왔는데."

털보 삼촌이 옆구리에 끼고 있던 책을 내밀었다.

"오! 〈강아지똥〉 그림책이네요? 안 그래도 다시 보고 싶었는데. 고맙습니다."

수지는 냉큼 책을 받아들었다. 털보 삼촌이 돌아가려고 하자, 황보감 할아버지가 자리에서 일어나며 털보 삼촌을 불러 세웠다.

"때마침 잘 왔는데, 어딜 가나? 나는 환자들이 기다리고 있어서 그만 가 봐야겠네. 그러니 자네가 아이들에게 권정생 이야기를 마저 들려주게."

"예. 그러죠."

털보 삼촌은 시원하게 대답했다. 황보감 할아버지가 앉았던 자리에 털썩 앉더니, 곧바로 이야기보따리를 풀었다.

"〈강아지똥〉이 당선되면서 권정생은 아동 문학가로 첫발을 내디뎠어. 더욱 열심히 글을 쓰기 시작했지. 하지만 하루 글을 쓰고 나면, 사나흘은 꼼짝없이 누워서 끙끙 앓아야 했어."

"몸이 아픈데 왜 계속 글을 썼어요?"

선우는 이해할 수 없다는 표정이었다.

"언제 세상을 떠날지 모르니, 아이들에게 보여 줄 이야기를 조금이라도 더 남기고 싶었던 거야."

"그래서 어떤 작품을 썼어요?"

수지가 물었다.

"여러 편의 동화를 썼는데, 그 가운데서 〈무명* 저고리와 엄마〉는 3년 동안 고쳐쓰기를 거듭한 끝에 완성했어. 〈무명 저고리와 엄마〉는 1973년, 조선일보 신춘문예*에 당선되었지."

"우아! 대단해요."

선우와 수지는 이번에도 벌떡 일어나 손뼉을 쳤다.

"음. 아까도 이런 상황이었군."

털보 삼촌은 피식 웃었다.

가슴 찡한 동화 〈무명 저고리와 엄마〉

일곱 아이를 둔 어느 엄마의 이야기야. 엄마는 아이들을 정성껏 키웠어. 하지만 일제 강점기와 한국 전쟁을 겪으며 아이들은 몸과 마음에 상처를 입고 하나둘 엄마 곁을 떠나지. 여섯째 막돌이만 남아서 엄마와 목화밭을 일군단다. 그런데 베트남 전쟁*에 참전*한 막내아들 무돌이가 전사*했다는 소식이 전해져. 엄마는 슬픔으로 자리에 눕고 말아. 엄마는 사랑하는 아이들을 키우며 입었던 저고리를 품에 안고 세상을 떠난단다.

〈무명 저고리와 엄마〉는 일제 강점기와 한국 전쟁을 겪었던 권정생의 경험, 어머니에 대한 그리움이 담긴 작품이야. 또 고단한 시절을 살았던 우리나라의 모든 어머니를 생각하며 쓴 작품이기도 해.

▲ 1973년 〈무명 저고리와 엄마〉가 신춘문예에 당선되어 신문에 실렸어. (1973년 1월 7일 조선일보 지면, 그림 : 윤석원)

"그러던 어느 날, 한 남자가 권정생을 찾아왔어. 신문에 실린 권정생의 동화를 읽고, 꼭 한 번 만나 보고 싶어서 왔다고 했단다."

"그 사람이 누군데요?"

"아동 문학가 이오덕이야. 권정생은 수줍게 이오덕을 맞았지만, 한편으로는 무척 반가웠어. 몇 년 전 이오덕의 동시집 《탱자나무 울타리》를 읽었는데, 시 한 줄 한 줄이 시들었던 양심을 일깨우고 용기를 북돋아 주는 것 같았거든. 비록 부치지는 못했지만 이오덕에게 편지를 쓴 적도 있었지."

"오, 그럴 수가! 서로 작품을 보고 감동받았던 두 사람이 만난 거네요."

수지는 두 손을 모아 쥐었다.

"그렇지. 둘은 밤새도록 두런두런 이야기를 나누었단다. 이오덕이 권정생보다 열두 살이나 많았지만 나이는 문제가 안 될 정도로 마음이 잘 통했지."

"맞아요. 나이 차가 많이 나도 마음이 잘 맞는 사람이 있거든요."

수지는 만물상 할아버지를 바라보며 말했다. 할아버지도 수지를 바라보며 흐뭇한 미소를 지었다.

"이날 인연을 맺은 뒤로, 권정생은 이오덕과 마음을 담은 편지를 주고받았어. 권정생은 이오덕에게만은 힘든 일, 슬픈 일을 솔직하게 털어났지. 또 동화를 써서 보내기도 했단다. 그러면 이오덕은 출판사를 돌아다니며 권정생의 동화를 보여 줬어. 권정생의 작품을 세상에 알리기 위해 애썼지."

"아! 권정생에게 마음을 나눌 사람이 생기다니!"

수지는 마주 잡은 손을 더욱 꼭 쥐었다.

아름다운 인연, 이오덕

이오덕(1925~2003)

이오덕은 아동 문학가이자, 우리말 연구가야. 그리고 마흔두 해 동안 초등학교에서 아이들을 가르친 선생님이기도 했지. 1955년에 《소년세계》라는 잡지에 동시 〈진달래〉를 발표하며 아동 문학가로 첫발을 내디뎠어. 그 뒤에 《별들의 합창》, 《탱자나무 울타리》, 《까만 새》 등의 동시집을 펴냈단다.

이오덕은 우리말에 남은 일본어 찌꺼기를 없애고, 아름다운 우리말을 바로 쓰자는 운동을 열심히 벌였어. 《우리 문장 쓰기》, 《우리글 바로 쓰기》 등의 책을 펴냈지. 또, 《어린이책 이야기》처럼 어린이 문학에 대한 책도 많이 썼어.

편지로 나눈 마음

권정생을 찾아왔던 이오덕이 집으로 돌아간 뒤, 권정생은 이오덕에게 편지를 썼어.

"다녀가신 후 별고 없으셨는지요?
바람처럼 오셨다가 많은 가르침을 주고 가셨습니다. 일평생 처음으로 마음 놓고 제 투정을 지껄일 수 있었습니다. 선생님의 작품을 많이 읽었지만, 역시 만나 뵙고 난 다음, 더욱 그 진실을 깨닫게 되었습니다……"

이 편지를 시작으로 권정생과 이오덕은 29년 동안이나 편지를 주고받았어. 둘은 편지로 마음을 나누고, 삶과 글에 대한 고민도 함께했지.

▲ 이오덕과 권정생의 모습이야.

◀ 권정생과 이오덕이 주고받은 편지란다. 둘이 주고받은 편지 글은 《선생님, 요즘은 어떠하십니까》라는 책으로도 나왔어.

"이오덕은 권정생의 동화를 훌륭하게 여겼어. 그러나 출판사에서는 좀 낯설어했지. 권정생이 쓴 이야기는 다른 동화와 아주 달랐거든."

"그건 그래요. 저도 〈강아지똥〉을 처음 봤을 때, 더러운 똥을 주인공으로 삼은 게 이상하다고 생각했거든요."

선우가 말했다.

"하지만 책장을 덮을 때쯤에는 감동으로 가슴이 뭉클해지잖아?"

"그것도 그래."

선우는 수지의 말에도 공감했다.

"그래. 처음에 사람들은 보잘것없는 주인공이 등장하고, 전쟁이나 가난, 죽음처럼 어두운 내용을 담은 권정생의 동화를 낯설어했어. 하지만 그 안에 담긴 의미와 따뜻한 마음을 느끼게 됐지. 권정생은 〈금복이네 자두나무〉라는 작품으로 제1회 한국 아동 문학상을 받게 되었단다."

"역시! 인정받을 줄 알았어요."

수지가 반갑게 말했다.

"권정생은 상을 받으려고 시상식에 참석했는데, 이때 검정 고무신을 신고 시상대에 올랐어."

"검정 고무신이라고요?"

수지가 믿을 수 없다는 듯 되물었다.

"너무했다. 시상식 같은 자리에는 멋지게 쫙 빼입고 가야 하는 건데."

선우도 아쉽다는 투였다.

"시상식에 참석했던 사람들도 초라한 권정생의 차림에 무척 놀랐지. 하지만 한편으로는 가슴 찡한 감동과 깨달음을 얻었어."

"중요한 건 차림새가 아니란 걸 느꼈군요?"

"바로 그거야!"

털보 삼촌이 수지에게 엄지를 들어 보였다.

"1981년부터 권정생은 《몽실 언니》라는 작품을 잡지에 연재*하기 시작했단다."

털보 삼촌은 《몽실 언니》 책이 무척 감동적이라며 나중에 꼭 읽어 보라는 말을 덧붙였다.

권정생의 문학 세계

지금은 다양한 내용을 담은 어린이책이 많지만, 권정생이 동화를 쓰기 시작했던 무렵만 해도 그렇지 않았어. 어린이책은 밝고 명랑한 내용이 대부분이었어. 멋진 왕자와 공주가 등장하고, 주인공이 신기한 모험을 하는 다른 나라의 문학 작품이 번역되어 쏟아졌지.

하찮게 여겨지는 대상을 주인공으로

그런데 권정생이 쓴 동화는 주인공부터 달랐어. 사람들이 징그럽게 여기는 지렁이, 못생기고 맛없는 돌배, 더러운 똥 등이 주인공으로 등장한 거야. 권정생은 세상에 쓸모없는 존재는 없다고 생각했어. 길가에 핀 꽃부터, 산과 들을 뛰어다니는 들짐승, 눈에 보이지도 않는 흙먼지나 더러운 강아지 똥까지 모두가 소중한 자연의 일부라고 여겼지. 그래서 사람들이 보잘것없고, 쓸모없다고 여기는 대상을 책의 주인공으로 삼았단다.

슬프지만 가슴 따뜻해지는 이야기

권정생은 부유하고 행복하게 사는 어린이도 있지만, 가난하고 힘들게 사는 어린이도 많다는 걸 알았어. 자신도 전쟁과 가난으로 힘겨운 어린 시절을 보냈으니까. 이를 무시한 채 즐겁고 아름다운 내용을 동화로 쓰는 것은 현실을 외면하는 거라고 생각했지. 그래서 일제 강점기와 6·25 전쟁, 남북 분단 등을 배경으로 한 작품을 많이 썼어. 전쟁으로 사랑하는 가족을 잃고, 굶주림을 참으며 힘겹게 살아가는 사람들의 모습을 동화에 담았지.

그렇다고 권정생의 작품이 어둡고 슬프기만 한 건 아니야. 권정생의 동화에 등장하는 인물들은 누구보다 따뜻한 마음을 지녔어. 힘들지만 도망치지 않고 꿋꿋하게 어려움을 감당해 내지. 다른 이를 위해 자신을 희생하는 것도 망설이지 않는단다. 가난한 사람끼리 서로 도우며 살아가. 그래서 권정생의 작품을 읽으면, 슬프지만 가슴이 따뜻해지는 것을 느낄 수 있어.

▲ 제1회 한국 아동 문학상을 받고 수상 소감을 말하는 권정생의 모습이야.

◀ 권정생의 동화 《몽실 언니》는 어린 몽실이가 전쟁으로 부모를 잃고 동생을 키우며 꿋꿋이 살아가는 이야기야. 1990년에 드라마로도 제작되었단다.

그림: 이철수, 창작과비평사 출간(1984년)

"1983년, 권정생은 태어나서 처음으로 자신의 집을 갖게 됐어. 마을 청년들의 도움을 받으며 산과 들이 한눈에 바라보이는 빌뱅이 언덕 아래에 집을 지었지."

"드디어 돈을 왕창 벌어서 큰 집을 짓고, 잘살게 되었군요."

선우가 넘겨짚었다.

"그건 아니야. 빌뱅이 언덕 아래에 지은 집은 방 한 칸과 부엌이 전부인 작은 흙집이었어. 집을 짓고 3년 동안은 전기도 안 들어왔단다."

"으악! 뭐라고요?"

"전기가 안 들어오면 불도 켤 수 없잖아요? 그럼 밤에는 어떻게…… 앗!"

수지의 눈길이 할아버지가 들고 있는 호롱을 향했다. 선우도 이제야 알았다는 듯 손바닥으로 제 이마를 쳤다.

"그래. 그때 권정생이 이 호롱을 사용했지."

할아버지가 말했다.

"오호! 저도 좀 보여 주세요."

털보 삼촌은 휘둥그레진 눈으로 손을 내밀었다. 호롱을 받아 들고 요리조리 살피며 감탄했다.

"버려진 유리병에 석유를 담고, 심지를 꽂아 직접 만든 호롱이로군요. 역시…… 권정생다워요."

호롱을 보는 선우와 수지의 눈길도 처음과는 사뭇 달랐다. 털보 삼촌이 호롱을 살피는 사이, 할아버지가 말했다.

"빌뱅이 언덕 밑 작은 집에서 권정생은 밤마다 호롱에 불을 밝히고 글을 썼단다. 아는 사람의 도움으로 집에 전기가 들어오자, 그에게 이런 편지를 보냈지."

할아버지는 지그시 눈을 감고 편지 내용을 읊었다.

"아직도 제게는 고무신과 호롱이 어울린다고 생각합니다. 전기 불빛 아래에서 과연 동화를 쓸 수 있을지 무거운 숙제가 되었습니다."

선우와 수지는 가만히 생각에 잠겼다.

 빌뱅이 언덕 밑 작은 집

16년 동안 일직교회의 문간방에서 살았던 권정생은 1983년에 빌뱅이 언덕 밑에 자그마한 집을 마련했어. 마을 청년들이 힘을 모아 집을 지어 준 거란다. 작고 초라한 흙집이지만, 권정생이 태어나서 처음으로 갖게 된 집이었지.

권정생은 이오덕에게 쓴 편지에서 "따뜻하고, 조용하고, 그리고 마음대로 외로울 수 있고, 아플 수 있고, 생각에 젖을 수 있어서" 이사 간 집이 참 좋다고 했단다.

그림 : 정승각. 길벗어린이 출간(2000년)

▲〈오소리네 집 꽃밭〉은 그림책으로도 출판되었어.

빌뱅이 언덕의 작은 집에서 살게 되었을 때, 처음 3년 동안은 전기가 들어오지 않았어. 그러나 권정생은 노을 보는 걸 좋아했고, 어둠이 내리는 것도 좋아했어. 밤이면 반딧불이가 아름답게 날아다녔거든. 권정생은 산머리를 돌아 개울 쪽 과수원 울타리 너머로 날아가는 반딧불이를 오래도록 바라보았단다. 그러고는 방으로 들어와 유리병으로 만든 호롱에 불을 밝히고 글을 썼지.

▲빌뱅이 언덕 아래에 마련한 집이야.

빌뱅이 언덕 밑 집에서 처음 가을을 맞은 권정생은 뒷산에 자주 올랐어. 골짜기를 따라 피어 있는 노란색 산국화, 분홍색 패랭이꽃, 초롱꽃 들을 보았지. 권정생은 아름다운 가을꽃을 보며 느꼈던 마음을 〈오소리네 집 꽃밭〉이라는 동화에 담았어.

◀권정생이 버려진 유리병과 철사를 이용해서 만든 호롱이야.

잠시 뒤, 수지가 입을 열었다.

"권정생은 무거운 숙제를 해결했나요? 그러니까 전깃불 아래에서도 동화를 썼어요?"

"아무렴! 혀를 내두를 정도로 잘 해냈지. 권정생은 한 편, 한 편 쓴 동화를 묶어서 동화집으로 펴냈는데, 한 해가 멀다 하고 동화집이 나왔어. 거기에 시집을 내고, 소설을 쓰고, 연재를 하고, 산문*도 많이 썼지."

털보 삼촌이 대답했다.

"그렇게 열심히 글을 쓰고 책도 많이 냈으니, 권정생의 형편도 달라졌겠죠?"

선우가 물었다.

"아니. 호롱불이 전깃불로 바뀌었을 뿐, 달라진 건 아무것도 없었단다. 권정생은 사람들이 풍족하게 살려고 물질만을 좇기 때문에 다툼이 일어나고, 환경이 파괴된다고 생각했어. 가난을 벗으로 삼아 늘 소박하게 지냈지."

"그럼 아픈 건 다 나았어요?"

수지의 물음에도 털보 삼촌은 고개를 가로저었다.

"스물아홉에 콩팥과 방광을 들어내는 수술을 받은 뒤로, 권정생은 비닐로 된 오줌주머니를 평생 달고 살았어. 옆구리에는 고무관이 끼워져 있었지. 오줌주머니를 비워야 하는 것은 물론이고, 때때로 고무관이 막혀서 엄청난 고통을 겪었단다. 아픔을 꾹 참으며 직접 막힌 고무관을 빼내고 새 고무관을 몸속에 넣어야 했어. 그러니 사람들이 불쑥 찾아오는 것도 불편하고, 집을 떠나 멀리 다니기도 힘들었지."

"세상에. 계속 아팠을 줄은 정말 몰랐어요. 혼자 힘들었겠다."

수지는 안타까운 목소리로 말했다.

"그렇지. 권정생은 아픔을 묵묵히 견디며 겉으로 드러내지 않았어. 아픈 자신 때문에 주변 사람들이 걱정하고 힘겨워하는 걸 원치 않았지. 그래서 결혼도 하지 않고 평생 혼자 살았단다."

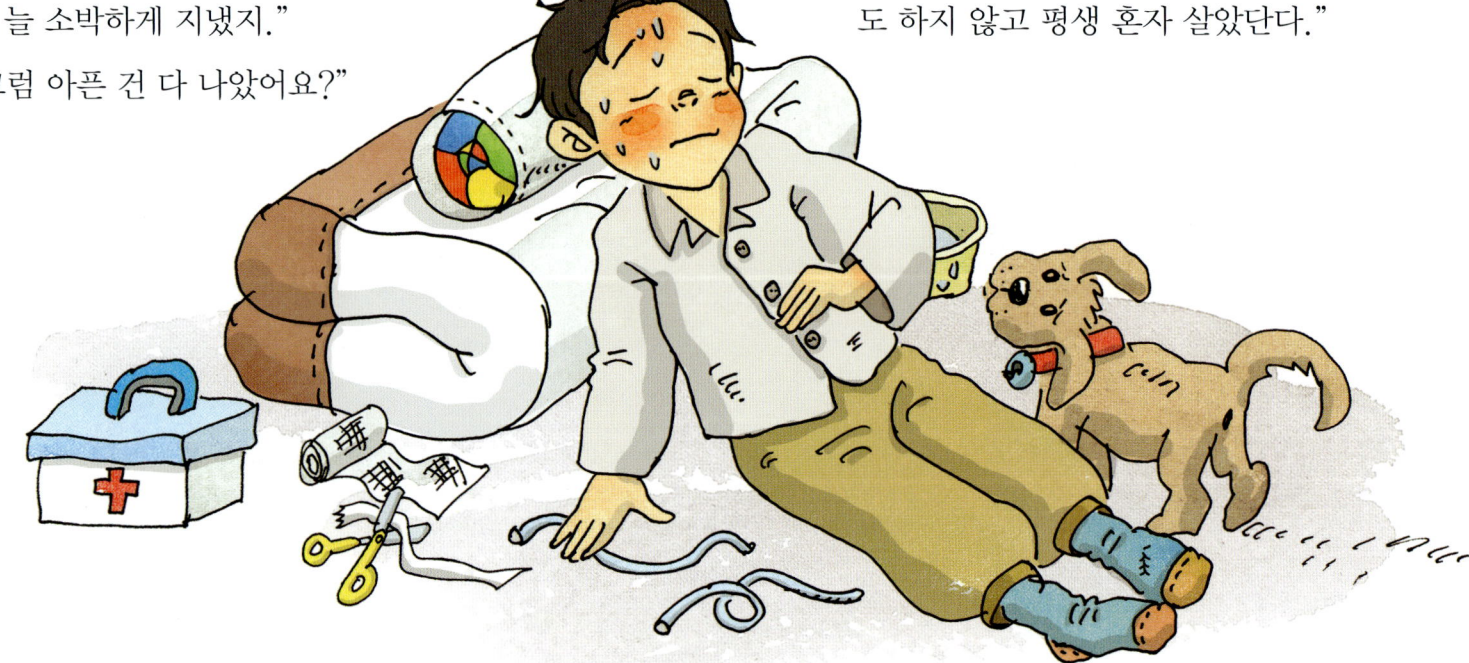

가난하게 삽시다

가난하게 사는 삶이 환경을 보호하는 길

권정생은 우리가 사용하고 버린 쓰레기가 결국 어딘가에 쌓이고 묻히게 마련이라고 했어. 더 많이 쓰면 더 많이 버리게 된다고도 했지. 그러니 가난하게 살자는 거야. 〈쓰레기를 만드는 사람들〉이라는 글에서 다음처럼 생각을 밝혔단다.

"환경 오염은 누구의 탓이기 전에 모든 사람 각자의 책임이다. 해진 양말을 기워 신고, 낡은 물건일수록 자랑스러워하며 좀 더 춥게 좀 더 불편하게 살아가면 쓰레기도 줄고 공기도 맑아지고 산과 바다도 깨끗해질 것이다. 내가 그렇게 살고 난 다음에 핵무기와 전쟁을 반대하는 운동에 앞장서야 한다."

골프장 건설에 반대하며

1988년부터 권정생이 사는 조탑리 마을 맞은편에 골프장을 만든다는 얘기가 나왔어. 권정생은 골프장 건설을 반대했지. 산을 깎고 골짜기를 망가뜨려서 사람들의 놀이터로 삼아서는 안 된다고 했단다.

권정생은 〈옥이의 편지〉와 〈까치골 다람쥐네〉라는 동화에서 주인공의 입을 빌려 "골프장 건설 결사반대!"를 외쳤어. 〈안동 시민 여러분께〉라는 글을 써서 골프장 건설 반대에 함께해 줄 것을 호소하기도 했지. 조탑리 마을 사람들 가운데도 골프장 건설을 반대하는 사람이 많았단다. 그러나 안타깝게도 2004년 골프장을 건설한다는 결정이 나고 말았어. 권정생은 산이 잘려 나가고, 그곳을 보금자리로 삼고 살아가던 무수한 생명이 목숨을 잃게 되는 현실을 슬퍼했어.

녹색평론사 출간(2008년) 창비 출간(2012년)

▲ 권정생이 쓴 산문을 모은 책이야. 권정생은 자신의 지난 날을 비롯해, 이웃 사람들에 대한 이야기, 자연과 환경, 분단과 통일에 관한 생각 등을 글로 썼어.

그림 : 정승각, 보리 출간(2008년)

◀ 권정생이 마지막으로 남긴 동화야. 이야기 속 새달이와 마달이 형제는 지구보다 과학 기술이 훨씬 앞선 랑랑별로 여행을 가. 그곳에서 첨단 과학 문명을 버리고, 자연과 더불어 사는 랑랑별 사람들을 만난단다. 소박하게 사는 것이 자연을 지키고, 나아가 지구를 지키는 길이라는 권정생의 생각이 담긴 작품이지.

"음. 권정생은 확실히 생각이 남달라요."
선우가 말했다.

"그렇지? 난 권정생이 미리 쓴 유언장*을 봤을 때 깜짝 놀랐단다."

"유언장이요? 그건 세상을 떠나기 전에 남기는 거 잖아요. 생각만 해도 슬퍼요."

수지가 울상을 지었다.

"권정생의 유언장은 슬프지만은 않아. 뭐랄까…… 피식피식 웃음이 났다가 코끝이 찡해지지."

털보 삼촌은 선우와 수지에게 유언장 내용을 들려주었다. 과연 선우와 수지의 입가에는 미소가 떠오르고, 눈에는 그렁그렁 눈물이 맺혔다.

"유언장을 쓴 2년 뒤, 어느 날이었어. 권정생은 뭉툭한 송곳에 찔린 듯한 통증을 느꼈어. 여느 때보다 훨씬 심한 아픔이었지. 권정생은 마지막 당부를 담아 신부님께 편지를 썼단다. 이 아름다운 세상에서 사람들이 그만 싸우고, 그만 미워하고 따뜻하게 함께 살길 기도해 달라는 내용이었지."

털보 삼촌은 코끝이 찡한지 자꾸만 코를 실룩였다. 그러고는 권정생의 마지막 모습을 선우와 수지에게 전했다.

"2007년 5월, 권정생은 세상을 떠났단다. 어머니를 부르며 눈을 감았지."

선우와 수지의 눈에서 눈물이 흘러내렸다.

미리 쓴 유언장

권정생은 늘 죽음이 멀리 있지 않다고 생각했어. 한편으로는 별일도 아니라고 여겼지. 죽을 고비를 여러 번 넘겼고, 아프지 않은 날보다 아픈 날이 더 많았으니까. 2005년 5월에 미리 유언장을 남겼단다.

권정생의 유언장은 딱딱하거나 무겁지 않아. 자신이 가까이 지내는 세 사람의 우스꽝스러운 실수나 버릇을 이야기하며 유쾌하게 시작하지. 그러고는 그들에게 자신이 세상을 떠나면, 모든 저작물*을 잘 관리해 주길 당부했어. 자신이 쓴 책은 어린이들이 사서 읽으니, 책을 팔아서 생긴 돈은 모두 어린이들을 위해 써 달라고 했지.

이어서 다음과 같은 내용을 유언장에 담았단다.

유언장이란 것은 아주 훌륭한 사람이 쓰는 줄 알았는데 나 같은 사람도 이렇게 유언을 한다는 게 쑥스럽다. 앞으로 언제 죽을지는 모르겠지만 좀 낭만적으로 죽었으면 좋겠다.

(……)

죽으면 아픈 것도 슬픈 것도 외로운 것도 끝이다. 웃는 것도 화내는 것도. 그러니 용감하게 죽겠다. 만약에 죽은 뒤 다시 환생할 수 있다면 건강한 남자로 태어나고 싶다. 태어나서 스물다섯 살 때 스물두 살이나 스물세 살쯤 되는 아가씨와 연애를 하고 싶다. 벌벌 떨지 않고 잘할 것이다.

하지만 다시 환생했을 때도 세상엔 얼간이 같은 폭군 지도자가 있을 테고 여전히 전쟁을 할지 모른다. 그렇다면 환생은 생각해 봐서 그만둘 수도 있다.

2005년 5월 1일
쓴 사람 권정생

▲ 권정생이 쓴 유언장이야.

한참 뒤, 선우가 옷소매로 눈물을 쓱 닦으며 말했다.

"오늘 강아지 똥 밟길 잘한 것 같아요."

어이없는 말에 수지도 눈물을 그쳤다.

"뭐라고? 아까는 그렇게 화를 냈으면서?"

"내가? 기억이 가물가물한데?"

선우는 시침을 뚝 떼며 덧붙였다.

"아무튼 내가 강아지 똥을 밟은 덕분에 권정생 이야기를 듣게 된 기라고!"

수지는 피식 웃고 말았다. 할아버지도 웃으며 아이들에게 물었다.

"그래, 권정생 이야기를 들어 보니 어떠냐?"

"아! 정말 감동적이었어요. 권정생은 참 놀라워요. 무서운 전쟁을 겪고, 지독한 가난에 시달리고, 죽을 만큼 아팠는데도, 아무도 미워하지 않았잖아요. 도리어 세상 모든 것을 소중하고 귀하게 여겼고요."

말을 하는 수지의 눈에 다시 눈물이 고였다.

"몸은 약하지만 권정생은 마음이 엄청나게 강한 사람 같아요. 나라면 억울하고 화가 나서 삐뚤어졌을 텐데."

"나도 그럴 것 같다!"

털보 삼촌도 선우의 말을 거들었다. 그러고는 벌떡 일어나며 말했다.

"더는 못 참겠다. 빨리 가서 오랜만에 권정생을 만나 봐야지."

"권정생을 만난다고요?"

"그것도 오랜만에 다시?"

선우와 수지가 놀란 얼굴로 물었다.

"아무렴. 권정생은 세상을 떠났지만, 그의 작품은 남아 있잖니. 권정생의 작품을 읽는 거야말로, 권정생을 가장 가까이 만나는 방법이란다."

"오! 그렇군요. 선우야, 우리도 털보네 헌책방에 따라가서 권정생 동화를 빌려 보자!"

"좋아. 근데 그 전에 보고 올 게 있어."

"뭔데?"

"강아지 똥!"

"에그! 그럴 것까진 없잖아?"

"뭐가 어때서? 난 이제 더럽다는 생각이 눈곱만큼도 안 들어. 게다가 민들레꽃도 제대로 못 봤거든."

"좋아. 가자!"

선우와 수지는 활짝 웃으며 봄 햇살 속으로 달려 나갔다.

권정생의 마지막 당부

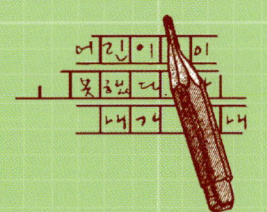 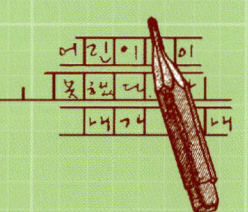

세상이 평화롭기를 기도하며

2007년, 권정생이 세상을 떠나기 전에 신부님께 쓴 편지에는 이런 내용이 담겨 있었어.

"…… 제 예금 통장 다 정리되면 나머지는 북측 굶주리는 아이들에게 보내 주세요. 제발 그만 싸우고, 그만 미워하고 따뜻하게 통일이 되어 함께 살도록 해 주십시오. 중동, 아프리카, 그리고 티벳 아이들은 앞으로 어떻게 하지요. 기도 많이 해 주세요. 안녕히 계십시오."

권정생이 남긴 예금 통장에는 10억 원이나 되는 큰 돈이 들어 있었어. 사람들은 깜짝 놀랐지. 권정생이 작고 허름한 집에서 낡은 옷을 입고 소박한 음식을 먹으며 살았던 것을 알고 있었으니까.

권정생 어린이 문화 재단

권정생의 유산과 유언장, 편지에 쓴 뜻을 받들어 '권정생 어린이 문화 재단'이 만들어졌어. '권정생 어린이 문화 재단'은 낮고 외롭고 아픈 어린이들을 위해 권정생의 정성을 대신 전하겠다고 했어. 또, "세상 어린이들의 상처를 살피고 신음 소리에 귀 기울이며 선생의 손길과 마음을 감히 대신하여 쓰다듬고 어루만져 갈 것"이라고 했단다.

▲ 2014년 '권정생 어린이 문화 재단'에서는 폐교를 고쳐서 '권정생 동화 나라'를 열었어.

◀ '권정생 동화 나라'에 가면, 권정생이 남긴 손때 묻은 물건을 만날 수 있어. 낡은 고무신과 책상, 나뭇가지와 비닐 포대로 만든 부채, 굵은 전선을 잘라 만든 빨래집게 등 유품에서는 권정생의 검소했던 삶이 고스란히 묻어나지.

어휘 사전

*표시된 어휘를 자세히 설명합니다.

결핵(13쪽) : 결핵균에 감염되어 생기는 전염병이야. 사람의 폐, 신장, 방광, 뼈 등 온몸에 퍼져 염증을 일으킬 수 있어.

주권(14쪽) : 나랏일을 최종적으로 결정할 주요한 권리를 뜻해.

수탈(14쪽) : 강제로 빼앗는다는 뜻이야. 일제는 우리나라에서 갖가지 물건과 자원을 수탈했어.

토목(14쪽) : 길을 만들거나 터널을 뚫고 다리를 세우는 것처럼 땅과 강을 고치는 공사를 말해.

삯바느질(15쪽) : 대가를 받고 해 주는 바느질을 말해.

폐품(15쪽) : 못 쓰게 되어 버린 물건이야. 그러나 다른 용도로 재활용할 수도 있지.

광복(18쪽) : 나라가 주권을 잃었다가 되찾았다는 뜻이란다. 1945년 8월 15일, 우리나라는 일제의 지배에서 벗어나 광복을 맞았어.

6·25 전쟁(18쪽) : 1950년 6월 25일, 북한이 남한을 침략하면서 벌어진 전쟁이야. 6·25 전쟁을 한국 전쟁이라고도 해. 1953년에 남한과 북한은 하나가 되지 못한 채 전쟁을 멈추었고 휴전은 지금까지 계속되고 있어.

연합군(19쪽) : 전쟁에서 둘 이상의 국가가 연합해서 구성한 군대를 말해. 1945년 일본이 항복한 연합군은 미국, 영국, 프랑스, 소련 등으로 이루어져 있었지.

화폐 개혁(19쪽) : 정부가 화폐의 가치를 조절하는 정책을 말해. 화폐 단위나 화폐 가치를 강제적으로 바꾸어서 예전 화폐를 못 쓰게 하고 새로운 화폐를 쓰도록 한단다.

객지(21쪽) : 집을 떠나 임시로 지내는 곳을 뜻해.

가슴막염(21쪽) : 가슴막은 왼쪽, 오른쪽 폐를 둘러싼 두 겹의 얇은 막이야. 가슴막염은 결핵이나 상처 등 여러 이유 때문에 가슴막에 생기는 염증이란다.

꽃샘추위(22쪽) : 이른 봄, 꽃이 필 무렵의 추위를 말해.

무명(27쪽) : 무명실(목화솜을 자아 만든 실)로 짠 우리 토속 옷감이야. 재래식 베틀로 짜서 소박한 멋이 있지.

신춘문예(27쪽) : 신문사에서 새로운 작가들에게 작품을 받아 그중 뛰어난 작품을 매년 초에 뽑는 문예 경연 대회란다.

베트남 전쟁(27쪽) : 베트남이 독립과 통일을 위해 1960년대 초부터 1975년까지 치른 전쟁이었어.

참전(27쪽) : 전쟁에 참가했다는 뜻이야.

전사(27쪽) : 전쟁터에서 싸우다 죽었다는 뜻이지.

연재(30쪽) : 신문이나 잡지에 글을 여러 차례로 나누어 계속 싣는 거야.

산문(34쪽) : 일정한 형식에 얽매이지 않고 자유롭게 쓴 글을 말해.

유언장(36쪽) : 세상을 떠나기 전에 남길 말을 적은 글이야.

저작물(37쪽) : 생각이나 감정을 표현한 글과 그림 같은 예술 작품, 연구 결과, 기술 등의 창작물을 말해.

나원준	**나재주 아저씨**	**미세스 고**	**김 여사**
절대 음감의 소유자로, 한때는 가요 프로그램에서 1위에 오르며 화려한 인기를 누린 가수였다. 지금은 황학동에서 중고 기타 상점을 운영한다.	중고 가전제품 가게를 운영하는 발명가 아저씨이다. 멋진 발명 아이디어로 평범한 물건도 새것으로 만드는 일을 즐겨 한다.	황학동 시장에서 커피, 녹차, 유자차, 생강차 등을 수레에 싣고 다니면서 판다. 커피 수레를 밀고 다니면서 온 동네의 소식통 역할을 한다.	동양화 중에서도 난을 잘 그리는 멋쟁이 여사로, 언제나 우아하고 교양 넘치는 말투로 화방에서 손님을 맞는다.

꽃돼지 아주머니

황학동에서 손맛 좋기로 유명한 꽃돼지네 분식집 주인이다. 외국에 떡볶이, 순대, 튀김을 파는 꽃돼지네 분식 2호점을 내는 게 꿈이다.

이나리 아가씨

세계적인 패션 디자이너가 되는 것이 꿈이다. 늘 최신 유행하는 옷을 입는 멋쟁이다. 중고 옷들을 멋진 새옷으로 고쳐서 팔기도 한다.

주차 단속 할머니

다른 사람의 일에 관심이 많으며 말참견을 잘한다. 남의 일에 자주 간섭을 하고 툴툴거리기는 하지만, 잔정이 많다.

박남훈 선생님

동물 보호 운동가이자 동물 병원 원장이다. 대학생 때부터 세계 각국을 두루 여행하면서 동물 보호 운동에 앞장서 왔다.

한눈에 보는 인물 연표
세대를 뛰어넘어 사랑받는 아동 문학가

〈권정생의 생애〉

〈아스트리드 린드그렌의 생애〉

	1900년
	1907년	스웨덴 남부 빔메르뷔에서 태어남.
	1910년
	1914년	빔메르뷔에 있는 학교에 입학.
	1920년
	1924년	졸업 후 빔메르뷔 지역 신문사인 《빔메르뷔 티드닝엔》에서 수습 기자로 일하기 시작함.
	1926년	아들 라루스를 낳음.
	1930년
1937년	일본 도쿄에서 태어남.	1931년	왕립 자동차 클럽에서 비서로 일하던 중 만난 지배인 스투레 린드그렌과 결혼함.
	1934년	딸 카린을 낳음.
	1940년
1946년	우리나라로 돌아왔으나 가족이 흩어져 지냄.
1947년	흩어졌던 가족이 안동 일직면 조탑리에 모여 살게 됨.	1944년	딸을 위해 《내 이름은 삐삐 롱스타킹》을 씀. 당시 출판되지는 못함. 라벤&쇠그렌 출판사 어린이책 공모전에 응모한 〈브리트 마리는 마음을 놓는다〉로 2등상 수상.
1950년	6·25 전쟁으로 대구까지 피란 갔다 옴.
1953년	일직초등학교 졸업. 중학교에 갈 돈을 모으려고 일함.	**1950년**
1955년	부산의 재봉틀 가게에서 일함. 책을 빌려 읽으며 작가의 꿈을 키움.	1945년	라벤&쇠그렌 출판사 어린이책 공모전에서 《내 이름은 삐삐 롱스타킹》이 1등상 수상.
1957년	폐결핵과 늑막염에 걸린 채 집으로 돌아옴.	1946년	라벤&쇠그렌 출판사 공모전에서 《소년 탐정 칼레》로 청소년 추리 소설 부문 1등상 수상. 라벤&쇠그렌 출판사 어린이책 담당으로 일하기 시작.
1965년	어머니가 세상을 떠난 지 채 얼마 안 지나 아버지도 세상을 떠남.
1966년	한쪽 콩팥과 방광을 떼어 내는 수술을 받고, 의사에게 2년밖에 살지 못할 거라는 말을 들음.	1950년	《엄지 소년 닐스》로 닐스 홀게르손상 수상.
	1960년
1968년	일직교회 문간방에서 살며 종지기 일을 함.	1958년	《라스무스와 방랑자》로 아동 문학의 노벨상이라 불리는 한스 크리스티안 안데르센상 수상.
1969년	월간 《기독교 교육》의 '제1회 기독교 아동 문학상'에 〈강아지똥〉 당선.
	1965년	전 작품이 스웨덴 국가상을 수상.
1971년	대구 《매일신문》 신춘문예에 〈아기양의 그림자 딸랑이〉 가작으로 입선.	1970년	라벤&쇠그렌 출판사를 그만둠.
1973년	《조선일보》 신춘문예에 〈무명 저고리와 엄마〉 당선. 이오덕이 권정생을 찾아옴.	**1970년**
1974년	첫 동화집 《강아지똥》 출간.	1974년	《사자왕 형제의 모험》으로 스웨덴 도서 협회 메달을 받음. 《지붕 위의 카알손》과 《내 이름은 삐삐 롱스타킹》으로 소련의 특별 미소상 수상.
1975년	〈금복이네 자두나무〉로 '제1회 한국 아동 문학상'을 수상.
1981년	《몽실 언니》 연재. (1984년 3월까지.)	1985년	유고슬라비아, 덴마크, 프랑스에서 어린이 문학상 수상.
1983년	빌뱅이 언덕 아래에 작은 집을 마련함.	**1980년**
1988년	시집 《어머니 사시는 그 나라에는》 출간.	1986년	셀마 라게를뢰프상 수상. 상금으로 장애 어린이를 위한 재단 설립.
1996년	산문집 《우리들의 하느님》, 그림책 《강아지똥》 출간.	1993년	알베르트 엥스트룀상, 유네스코도서상 수상.
1998년	소설 《한티재 마을》 출간.	**1990년**
2005년	유언장을 미리 씀. 어린이 잡지 《개똥이네 놀이터》에 마지막 동화 《랑랑별 때때롱》을 연재하기 시작.	1994년	대안 노벨상 수상.
	1999년	한 신문사 설문에서 '가장 사랑받는 스웨덴 여성'으로 뽑힘.
2007년	세상을 떠남.	**2000년**
	2002년	세상을 떠남.

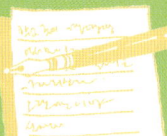
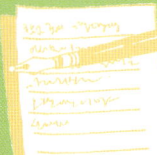